¡Qué rico!

Anke Kuhl * Alexandra Maxeiner

¡QUÉ RICO!

SOBRE PLATOS APETITOSOS, ALIMENTOS ASQUEROSOS,

GUISOS OLOROSOS, POTAJES VENTOSOS,

BOCATAS SABROSOS Y OTROS MANJARES DELICIOSOS

TakaTuka

Todos comemos.

Venus atrapamoscas

BSSSS

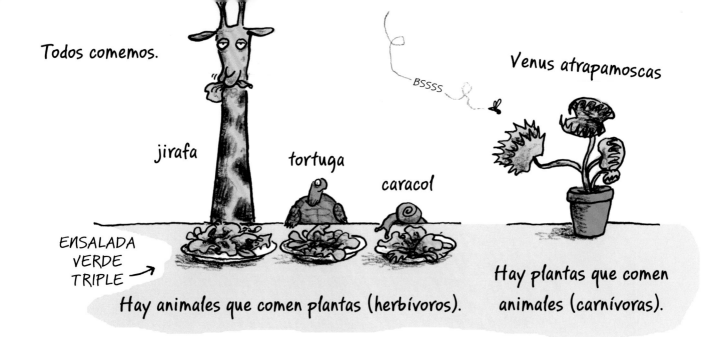

jirafa

tortuga

caracol

ENSALADA
VERDE
TRIPLE →

Hay animales que comen plantas (herbívoros).

Hay plantas que comen animales (carnívoras).

felino

buitre

zorro

viuda
negra

antílope

Hay animales que se comen a otros animales.

ratón

su marido

ser humano

rata

cerdo

cucaracha

chimpancé

Y hay animales que comen de todo, animales y plantas (omnívoros).

Nuestros antepasados de la Edad de Piedra, los cazadores y recolectores,
también comían de todo. Cazaban animales y recolectaban frutos.

arándanos

Las gentes de la Edad de Piedra siempre tenían que trasladarse a los lugares
donde podían encontrar comida. Luego descubrieron el fuego e inventaron el arte
de cocinar, que hizo comestibles algunos frutos que antes no lo eran.
Además, la comida cocinada no se estropeaba tan pronto; la podían
conservar mejor y eso les permitía permanecer más tiempo en un lugar.

¡El ser humano es el único ser
vivo que cocina!

Antiguamente, las personas hacían muchas cosas por su cuenta.
Conocían la vaca, cuya leche bebían, y ellas mismas hacían
la matanza del cerdo, cuya carne comían.

Hoy en día compramos
nuestra comida en la tienda,
casi siempre empaquetada.

Muchos productores de alimentos quieren ofrecer la comida lo más barata posible.

Es más barato, por ejemplo, engordar a los terneros daneses en Alemania y

sacrificarlos en Italia. Por eso transportan a los animales de un lado a otro.

Eso es terrible para los terneros.

Transporte de terneros por carretera

En cambio, los productores de alimentos biológicos tienen
mayor consideración con la naturaleza y los animales.

cerdos ecológicos

cría intensiva de ganado

En cuanto a la fruta y las hortalizas, también hay diferencias.

A menudo las tratan con insecticidas para que no entren gusanos.

En las granjas ecológicas, la fruta y las hortalizas no se fumigan

con insecticidas, o en muy escasa medida. Por eso, de vez en cuando,

encontramos un gusano dentro.

La alimentación de las personas también depende del lugar donde viven.
Cada país tiene sus propias especialidades.

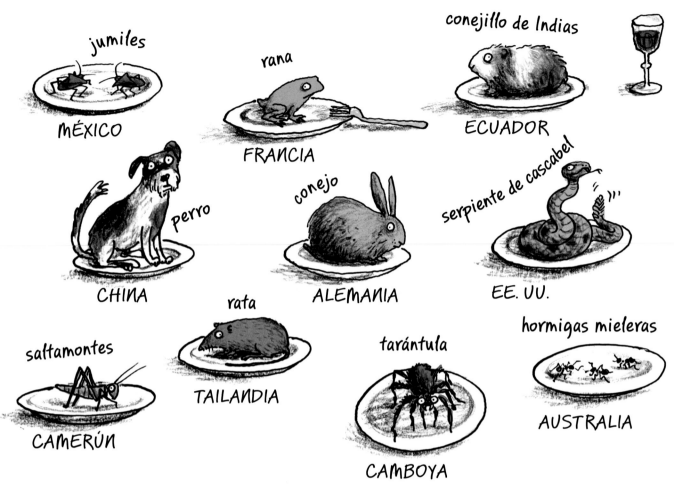

jumiles
MÉXICO

rana
FRANCIA

conejillo de Indias
ECUADOR

perro
CHINA

conejo
ALEMANIA

serpiente de cascabel
EE. UU.

saltamontes
CAMERÚN

rata
TAILANDIA

tarántula
CAMBOYA

hormigas mieleras
AUSTRALIA

En la India, la vaca es un animal sagrado; así que allí no se come su carne.

En los países musulmanes, el cerdo se considera un animal impuro y, por eso, no se come.

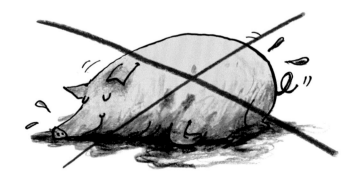

Para nosotros, los perros y los gatos son miembros de la familia y nunca nos los comeríamos.

En cambio, nos parece normal comer conejos, terneros y corderos, aunque también sean unos animalitos encantadores.

CONEJO ESTOFADO PARA MÍ Y AGUA FRESCA PARA PERRY, POR FAVOR.

Las personas que no comen carne ni pescado se llaman «vegetarianas». Algunas no comen carne, pero sí pescado. Se llaman «pescetarianas». Algunas no comen ni carne ni pescado ni huevos ni mantequilla ni miel; es decir, no comen nada de origen animal. Se llaman «veganas». Jonás no come carne, pero sí salchichas. Él dice que es «salchichiano».

JONÁS

Para la mayoría de la gente en el mundo resulta inconcebible que los seres humanos se puedan comer a otros seres humanos.

Eso se denomina «canibalismo».

Hay muchas historias de terror sobre caníbales.

La mayor parte de ellas no son ciertas.

El desayuno es un buen ejemplo de los tipos tan diferentes de comida que hay en el mundo.

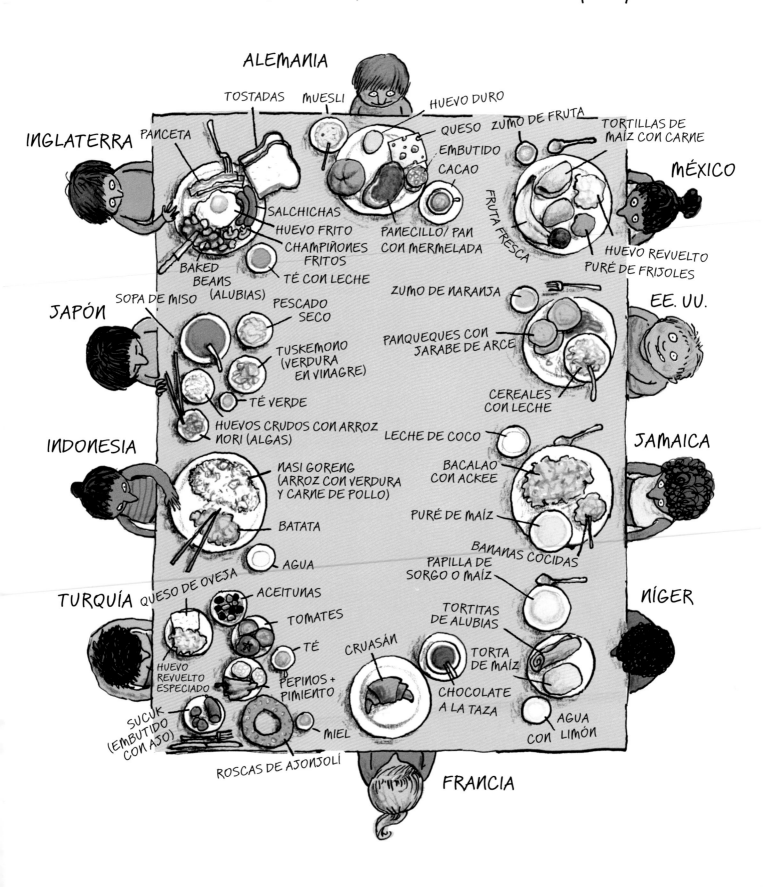

Max no desayuna hasta la hora del recreo; se come un sándwich. Suele quedarse sorprendido de todo lo que sacan sus compañeros de la mochila.

A Julia se le caen las migas al comer. Para encontrarla, basta con seguir su rastro en el patio del colegio.

Laura nunca se come el bocadillo de una vez. Viéndolo, puedes adivinar cuántas horas de clase le quedan.

BOCADILLO DE LAURA

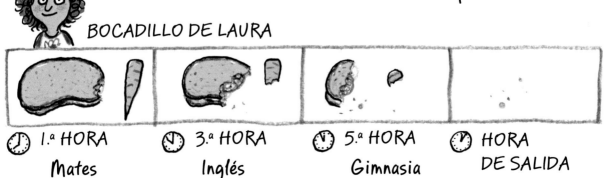

Hay personas que no se toman
el tiempo necesario para comer.

A algunas les gusta cocinar.

A otras, no.

¡CLING!

¡LA COMIDA ESTÁ LISTA!

A algunas les gusta comer con su familia y sus amigos.

A otras, no.

Algunas le dan mucha importancia
a comer en una mesa bien puesta.

Otras, no.

A algunas les gusta tocar la comida.

A otras, no.

A algunas les gusta comer bien apretadas.

A otras, en remojo.

En [toda]s familias existe
[u]n [sitio] fijo en la mesa

¡ESTE ES MI SITIO!

Algunos realizan un determinado ritual antes de comer.

¡EL COMER Y EL RASCAR TODO ES EMPEZAR!

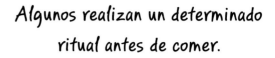

Cuando va a la piscina, Biel siempre se compra una salchicha con ketchup. El olor de agua clorada, leche solar y fritangas le produce una enorme sensación de felicidad veraniega.

Cuando Jonás y su padre van a comprar el pan, siempre le dan un mordisco.

A Naira le encanta leer en la cama mordisqueando galletas sin parar y llenando todo de migas.

EL PAN TIERNO SOLO ESTÁ TIERNO UNA VEZ. ¡EL PAN SECO LO ESTÁ PARA SIEMPRE!

GALLETAS

Cuando ve la tele, Tilo siempre tiene que estar mordisqueando algo.

patatas chips

almendras garapiñadas

← uñas

Muchas personas preparan siempre los mismos platos en determinadas ocasiones.

pescado ahumado
↓

NOCHEBUENA

fondue de queso

NOCHEVIEJA

crepes

CUMPLEAÑOS

A Mina y su madre les encanta guarrear
comiendo espaguetis con tomate.
Se introducen la pasta en la boca
sorbiendo y poniendo todo perdido
de salsa.

Los buenos modales en la mesa varían mucho de un país a otro.
En Georgia, antes de un banquete, existe la costumbre de derramar un vaso
de vino sobre el mantel blanco. Así, los invitados no se han de preocupar
de no ensuciarlo.

ÑAM-ÑAM, SLURP

En China, hacer ruido al comer se
considera un cumplido para el cocinero.

La mayoría de las
personas en el mundo
comen con las manos.

En el segundo puesto se
sitúa la comida con palillos,
usados en Asia.

Menos del diez por ciento
de las personas comen con
cuchillo y tenedor.

injera con wot
(tortas de pan de levadura con
diversas salsas)

lazi ji
(pollo con pimiento)

hamburguesa de cereales
con puré de patata y brécol

Muchas cosas se comen mejor con los dedos.

HELADO

MUSLO DE POLLO

HAMBURGUESA

BREZEL

En Europa se suele comer con las dos manos sobre la mesa.
En EE.UU., en cambio, primero se trocea todo y, luego,
se pincha con el tenedor, con una sola mano; la otra mano se deja
en el regazo. Según la leyenda, esta costumbre tiene su origen
en el Lejano Oeste. Allí, en cualquier momento podía iniciarse
un tiroteo y, por eso, los vaqueros, mientras comían, siempre
dejaban una mano junto al revólver.

Aunque en el mundo hay suficiente comida para todos, los alimentos no están bien repartidos. Ayana vive en un pueblo del norte de Etiopía.

Su comida diaria consiste en:

POR LA MAÑANA: un trozo de injera con queso de cabra

A MEDIODÍA: nada

POR LA NOCHE: un cuenco de papilla de sorgo

Paula vive en una ciudad pequeña del sur de Alemania.

Su comida diaria consiste en:

POR LA TARDE: galletas de chocolate

POR LA MAÑANA: muesli con fruta

A MEDIA MAÑANA: bocadillo, manzana

A MEDIODÍA: pollo con zanahorias y patatas

POR LA NOCHE: pan con queso, aguacate, tomates, yogur

En el mundo, muchas personas pasan hambre, sobre todo en países en guerra o en los que las catástrofes naturales destruyen las cosechas.

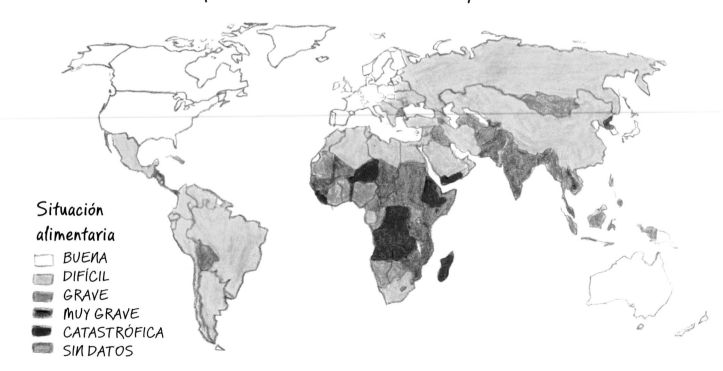

Situación alimentaria
- BUENA
- DIFÍCIL
- GRAVE
- MUY GRAVE
- CATASTRÓFICA
- SIN DATOS

Pero en nuestro país también hay personas que no disponen de suficientes alimentos. Al mismo tiempo, somos unos campeones en tirar comida.

¡MENUDO BANQUETE ME VOY A PEGAR!

Muchos de estos alimentos son aún comestibles y buenos.

ALIMENTOS DESECHADOS DEL SUPERMERCADO →

Un viejo sueño de la humanidad es disponer siempre de comida en abundancia, sin tener que hacer nada para conseguirla. Pero eso solo pasa en los cuentos: en Jauja, el país de los holgazanes.

La comida se puede ingerir casi en cualquier postura:

tumbados

EN LA ANTIGUA ROMA

flotando

COMIDA ENTUBADA DE ASTRONAUTAS

nadando

PLACENTA
(seno materno)

MERIENDA CAMPESTRE

sentados en el suelo

haciendo el pino

corriendo

CORREDOR DE MARATÓN

A los enfermos graves se les administra alimentación artificial.

alimento líquido
en el brazo

ABUELO CON GOTERO

Comer puede consolar o poner de buen humor.

¡AQUÍ TIENES TU PURÉ-MEDICINA ESPECIAL CON MUCHA MANTEQUILLA!

A Tom, cuando está enfermo o triste, el puré de patata le hace sentirse mejor.

La leche contiene nutrientes que te ponen contento.

El chocolate puede liberar en el cerebro una sensación de felicidad.

A algunas personas les apetece comer chocolate, pero no lo hacen porque están a dieta.

Quizá tienen una enfermedad que les impide comer determinadas cosas. O piensan que están demasiado gordas, aunque no sea cierto.

NO, GRACIAS. SOY DIABÉTICO.

MEJOR NO. QUIERO ADELGAZAR.

O realmente están demasiado gordas.

Otras no quieren comer nada y, por eso, están demasiado flacas.

Comer también puede poner
de mal humor.
Lola se enfada cuando la obligan a comerse
la verdura. Su madre se enoja cuando
Lola no se come la verdura.

¡PERO SI CONTIENE MUCHAS VITAMINAS!

En muchas familias se discute por culpa de la comida.

¡LA SALSA NO PUEDE TOCAR JAMÁS EL ARROZ!

¡YO NUNCA COMO NADA VERDE NI ROJO!

Silvio siempre anda negociando
con sus padres.

Cuando va a casa de su abuela,
no le hace falta.

¡NO PIENSO ANDAR NI UN PASO MÁS, SI NO ME DAIS AHORA MISMO UNA BARRITA DE CHOCOLATE!

¿QUIERES MÁS?

No se debería obligar a los niños a comer.

Pero algunos padres lo hacen.

Y eso que comer demasiado puede sentar mal.

A veces, ni uno mismo sabe cuándo ha comido suficiente.

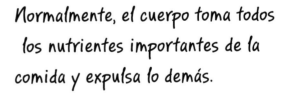

Cuando comemos algo en mal estado, o cuando estamos enfermos, a veces tenemos que vomitar.

Normalmente, el cuerpo toma todos los nutrientes importantes de la comida y expulsa lo demás.

A veces, podemos ver u oler en el wáter lo que hemos comido.

Algunas verduras o legumbres producen flatulencia.

¡HOY HEMOS COMIDO ESPÁRRAGOS Y ENSALADA DE REMOLACHA!

Cada legumbre tiene su servidumbre.

¡FIU!

Guisantes, alubias y lentejitas le sacan al culete sonrisitas.

¡LAS PATATAS PODRIDAS CON BROTES QUE SUELTAN UN LÍQUIDO APESTOSO SON REPUGNANTES!

Los alimentos en mal estado a veces apestan horriblemente. De ese modo nos percatamos de que no hay que comerlos. Otros olores abren de inmediato el apetito. Los gofres recién hechos, por ejemplo.

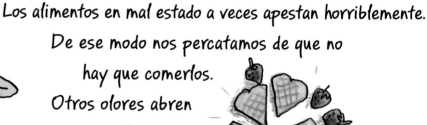

Cuando perdemos olfato,
tenemos menos apetito.
Cuando estamos resfriados,
apenas podemos apreciar el
gusto de los alimentos.

¿ME PASAS LAS ACEITUNAS?

ESO SON ARÁNDANOS.

A veces, una comida nos huele especialmente
bien porque tenemos hambre.
El aroma de un asado resulta muy
apetitoso. Pero, cuando nos hemos saciado,
ya no nos atrae tanto su olor.

Cada comida tiene una textura y un sonido diferentes.

¡ÑAC!

nubes

¡CHOF!

pasas

¡SLURP!

papilla de sémola de trigo

zanahorias muy crujientes

¡CRAC!

¡BLUPS!

¡ÑIEC!

caracoles

Hay cuatro sabores principales: amargo, ácido, salado y dulce.
Los podemos percibir muy bien en ciertas zonas de nuestra lengua.

BREZEL PALITOS SALADOS

MEDICAMENTOS

ALMENDRAS AMARGAS

SARDINAS

KIWIS VERDES

GUINDAS

MANZANAS REINETAS

LIMONES

ALBARICOQUES

VINAGRE

HELADO

SALAMI

CHOCOLATE CON LECHE

CARAMELOS

PASAS

BIZCOCHO

GOMINOLAS

UVAS

MIEL

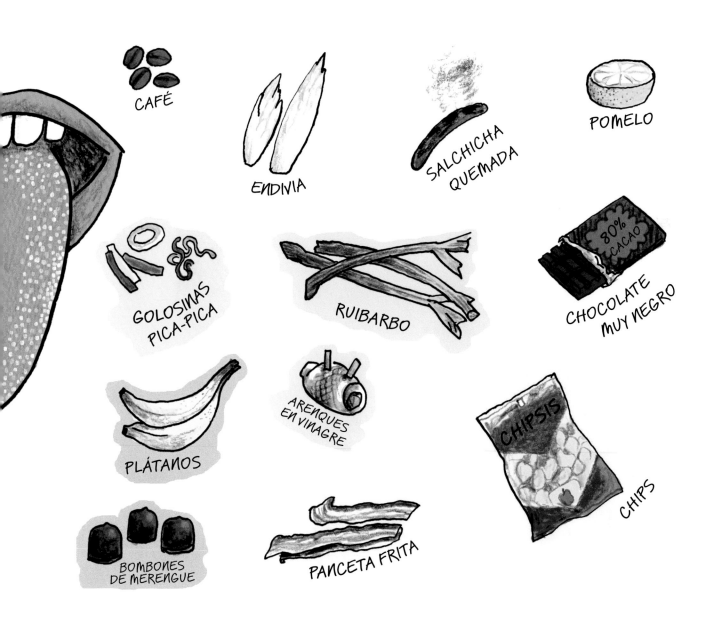

CAFÉ

ENDIVIA

SALCHICHA QUEMADA

POMELO

GOLOSINAS PICA-PICA

RUIBARBO

CHOCOLATE MUY NEGRO

80% CACAO

PLÁTANOS

ARENQUES EN VINAGRE

CHIPSIS

CHIPS

BOMBONES DE MERENGUE

PANCETA FRITA

Hace algún tiempo se descubrió en Japón el quinto sabor:
el umami, un sabor aromático e intenso.

También hay alimentos picantes. Pero el picante no es
un sabor, sino una sensación de dolor.
Se puede percibir en la lengua, en los ojos o en la piel.

GUINDILLAS

A todos los niños les gustan los dulces.

Cuando los seres humanos aún eran cazadores y
recolectores, tuvieron que averiguar lo que podían
comer y lo que no. Las cosas que tenían un sabor
ácido o amargo solían estar verdes o eran
venenosas. En cambio, los frutos dulces solían
estar maduros y y eran comestibles.
Así pues, el gusto por lo dulce lo han heredado
los niños y las niñas de nuestros antepasados.

Además, el azúcar contiene mucha energía. Y como los niños están creciendo,
necesitan energía y, con frecuencia, sienten un apetito feroz. Conforme van
creciendo, va disminuyendo ese apetito.

2 AÑOS   5 AÑOS   8 AÑOS   11 AÑOS   14 AÑOS

Pero el azúcar en exceso es nocivo.
Cuando alguien le dice a un niño:
«Si quieres hacerte grande y fuerte,
tienes que comértelo todo», nunca se
refiere a una tableta de chocolate,
sino más bien a algo así como una
lasaña de verduras.

Cuando no comemos todos los nutrientes
que necesitamos, podemos caer enfermos.

Antiguamente, los marineros solían enfermar
de escorbuto, porque pasaban largos meses
embarcados y no podían comer fruta fresca.
Les faltaba vitamina C.

A lo largo de la vida, una persona come cosas muy distintas.

Hay comidas para todos los gustos. Hay comidas que nos resultan repugnantes:

JONÁS
coles de Bruselas

NAIRA
sardinas

JANA
sushi

LENA
pasas

BIEL
queso de oveja

MAX
coliflor

JULIA
ternera guisada

PAULA
caracoles

CEYDA
crema de guisantes

TILO
nata de la leche

y comidas que nos encantan:

JONÁS
Puré con tortilla

NAIRA
espaguetis a la boloñesa

JANA
estofado de patatas

LENA
escalope

BIEL
buñuelos de bacalao

MAX
espárragos

JULIA
cebollitas en vinagre

PAULA
patatas fritas

CEYDA
borek relleno de queso

TILO
hamburguesa

¿Cuál es tu plato preferido? _____

_____

¿Cuál es el plato que más asco te da? _____

_____

¿Dónde te gusta más comer? _____

¿Qué coméis en tu casa por Navidad? _____

_____

¿Qué te dan de comer cuando estás enfermo? _____

_____

¿Qué plato prefieres el día de tu cumpleaños? _____

_____

¿Qué es lo más raro que has comido en tu vida? _____

_____

¿Qué es lo que te gustaría probar alguna vez? _____

¿Qué has comido en tal cantidad que ya no quieres volver a probarlo? ___

_____

¿Cuál es tu bebida preferida? _____

¿Qué bebida no te gusta nada? _____

¿Qué te apetece AHORA? _____

Título original: Alles lecker!

Texto: Alexandra Maxeiner

Ilustración, cubierta y diseño: Anke Kuhl

Traducción del alemán: Marisa Delgado

Primera edición en castellano: marzo de 2014

© 2012 Klett Kinderbuch, Leipzig, Alemania

Derechos negociados por Ute Körner Literary Agent SL, Barcelona

© 2014, de la presente edición, Takatuka SL

Takatuka / Virus editorial, Barcelona

www.takatuka.cat

Maquetación e impresión:

El Tinter, empresa certificada

ISO 9001, ISO 14001 y EMAS

ISBN: 978-84-16003-06-8

Depósito legal: B. 2346-2014

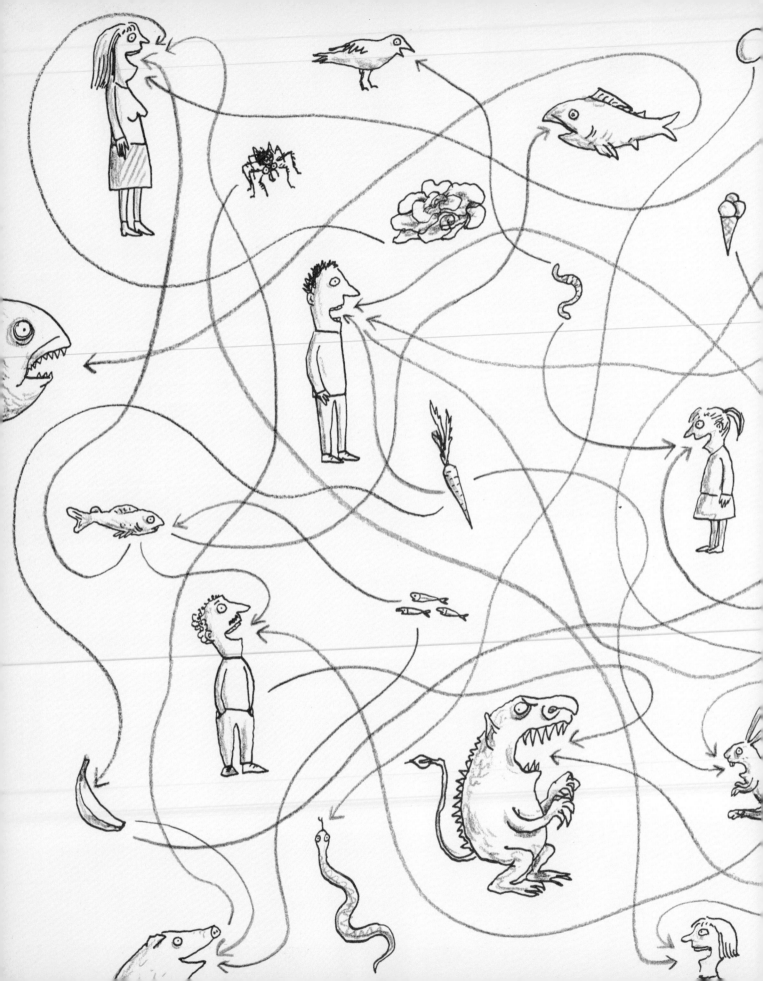